Una Copla más

Cielito lindo

Una Copla más

Juan Cobos Del Ángel

Diseño de portada: Mariana Betzabé Bernal Andrade
Diseño de Interiores: Aneli Diana Demalinali Torres Maldonado

Primera Edición: 2015
ISBN: Tapa Blanda 978-607-96954-0-8

Este Libro fue impreso en México

Editado e Impreso por **HAKE MATE** Ediciones Culturales

Para pedidos de copias adicionales de este libro, por favor contacte con:

Editorial: **HAKE MATE** Ediciones Culturales
Web: www.hakemate.com.mx
E-mail: ventas@hakemate.com.mx, hake.mate.inc@gmail.com

Valle de San Fernando No.3
Colonia Valle de Aragón 3ª Sección
Ecatepec de Morelos Estado de México
C.P. 55280
Teléfono: (52)-(55) 26-17-35-14

PRÓLOGO

Escribiendo siempre en todos lados, cuando la soledad invade, nació esta selección de poemas. Reuniendo pedazos de papel, de servilletas... antes de tirarlos a la basura, como ya en otras ocasiones lo hice.

Primero escribe uno por la ambición de identificarse con otros (con los poetas) y después por que la gente se identifique con nosotros.

Por eso quise que otros también los lean. Para que otros sientan como yo. Eso no es posible. Yo mismo al volverlos a leer ya no pienso igual. Por eso tira uno algunos escritos. Pero ahora los guardé como fotografía de momentos pasados, vividos. Queden ahí como eso, como recuerdos.

Juan Cobos Del Ángel

DEDICATORIA:

Los remedos de poetas, que nos creemos poetas.

ÍNDICE

UNA COPLA MÁS CIELITO LINDO

Hombre y mujer que se aman,
con el orgullo,
pueden matar amores cielito lindo desde el capullo.
¡Ay, ay, ay, ay, ay!
Amores de estos,
son amores bonitos; cielito lindo,
pero funestos.

VUELVE

Te dejé ayer.
Esperaba que tú
detuvieras mi ir,
me mostraras tu amor.

Te dejé...
sin saber porqué...
tú tenías razón,
yo me iba a rendir.

Hoy,
llorando estoy,
sufriendo estoy,
vuelve a mí.

LA TARDE

La tarde, en el ocaso;
de mis ojos en el vaso,
se derrama orografíada.
¡Cuán radiante! ¡Iluminada!

He visto muchos colores,
en el mundo y en las flores.
¡Qué colores tan sutiles
hay en los rayos seniles!

LA ILUSIÓN DE LA MAÑANA

Anochece y... la conciencia,
hasta la clara mañana,
nos arrulla con paciencia.

¡Llegan fulgores de flama,
por senderos de colores,
rompiendo la madrugada!

SIN REMEDIO

Una botella basta
para apagar mi sed;
más a mi alma vacía
no sirve el mar entero.

VIDA

¡Llena la casa!
¡Llena de gente!
Gente de ahora,
gente de siempre.

Ya no se olvida
nunca la escena,
pasan los años
y no nos dejan.

¡Mamá riendo
a carcajadas!
¡papá cantando
tiene guitarra!

Hay abundancia
de cosas buenas;
hay armonía y bienaventuranza...
Hoy... hay nostalgia.

REALIDADES

Pienso en ti, y me imagino,
lo que no pudiera llegar a ser;
porque lo que es, lo es ya...
con todas sus amarguras.

PÓKAR DE ASES

Tequila, pulque y cerveza
hoy quiero jugar mi suerte
y si no gano, ni modo,
me pasan el aguardiente.

Siempre me gustó jugar
sin conocer el fracaso;
tampoco me importa el triunfo,
nomás divertirme un rato.

Yo siempre jugué bonito
y todos me respetaron;
querían que les enseñara
a ejercer el desacato.

Tequila, pulque y cerveza
hoy voy a jugar mi suerte
y si no gano, ni modo,
me pasan el aguardiente.

DADOS

Para decirte algo de la patria,
suavizando deleites encontrados,
dejo volar a la razón ingrata
y remato tus sienes con los dados.

INADAPTACIÓN

Ahí fue.
Ella quiso que así fuera.
Todo forjó con cariño;
es más, también inventó.

Ella construyó el amor a su alrededor
y me puso a mí ahí.

¿QUIÉN MUERE?

¡Hay que morir ahora!
Todo ya me lo grita.
¡Ah, qué fanfarronada!
La muerte no da cita.

Y la muerte no escoge
al que la necesita;
escoge a los valientes,
porque ellos tienen prisa.

¿SÍ?

La tristeza del niño
siempre es recompensada.

TODO ES RECUERDO

Todo es recuerdo,
nada es olvido
¿Es así el tema,
mi gran amigo?

Recuerdos vivos,
deshacen vidas;
alegres nidos
de almas nacidas.

Ni duda cabe,
que en la alborada,
juegan alegres
los camaradas.

Y ya en la tarde,
con el poniente,
llegan pesares
con voz doliente.

Son los recuerdos
de ufano día,
que están muriendo
de esta guisa.

Guardar queremos
sol que te escondes,
lo que vivimos
en días sin nombre.

VIDA Y MUERTE

De tarde en tarde, se va la vida
y se renueva todos los días.
y sin morir, nada nacería;
sin otras muertes, vida no habría.

Llega la abeja y sacia su instinto,
la vida ofrece, en sacrificio.
Aguijón pierde con las entrañas;
el dolor brinda y el beneficio.

QUIMERA

¿Quién eres, divina mujer,
que has de llegar a mí con nueva aurora?
Te quiero antes de conocerte.
Me muero por verte.

Hoy soy desgraciado,
mi vida sabe de esto,
mañana seré honrado
y el sol será funesto.

Ya aspiro tus cabellos lozanos,
también tus muslos sanos.
¡Vive en mí! ¡Vive dentro de mí!
Ilustre quimera,
te quiero...
te espero.

PAISAJES

Una suave lluvia
pinta la tarde alegre
y todo es alborozo.

Es ahora la tarde;
sol poniente, brillante...
suaves gotas de lluvia...
viernes de tres amigos,
que se juntan, por nada,
en un rincón del mundo.

Tengo de frente
al último sol del día;
que, tan intenso y magnífico,
hace, de la suave lluvia,
una llamarada de alegría.

Alborozo en la gente,
plenitud en los niños,
y casi me contagian
su niñez victoriosa.

MUCHO POR POCO

Son cinco mil colores los que veo,
son cuatrocientas voces las que escucho,
y parvadas al aire tus deseos;
es poco lo que doy y tú ves mucho.

¡REGRÉSATE!

Huye de todo el mundo y busca el centro,
No busques hacia afuera, busca adentro.
Descártate epigramas y aventuras,
que no siempre es benéfico lo incierto.

Dejar el derredor, todo lo ensancha.
se hace más grande el arrimarse al centro
y dejarse arrastrar, como avalancha,
y encontrar el amor en el desierto.

BÚSQUEDA

En una vasta tierra corría yo,
no queriendo saber nada en la vida;
de tantas amarguras me vistió,
que hoy pienso mucho, mucho, en la partida.

Hoy pienso que no basta al cuadrumano,
recorrer al galope la llanura;
pues sólo en un rincón de algún pantano,
es donde yace abierta la ternura.

MORIR AHORA

Morir ahora... ¿por qué no?
¿Es que hay algo más?
¡Qué saciedad!

HERMANOS

La patria no se cae, hoy se levanta;
hoy nos lleva a la altura del deseo;
hoy nos remonta a orillas de la aurora;
hoy nos encierra en casas de deseo.

Son hogares pequeños los que valen,
ahí vivimos juntos los carnales,
ahí nos resguardamos de los males
y también nos peleamos con rivales.

Ahí a todos nos abren en canales,
de ahí salimos a buscar auroras
y también desventuras del camino.

Somos guerreros que no todo lo saben;
pero que creen que todo es un destino,
un destino de luz y de victoria.

CUÉNTALE

¡Sí!, dile tú al poeta,
todo lo que pensaste.
Díselo porque él quiere
nutrirse de tu gloria;
él quiere ver la vida
con lo que tú viviste,
quiere que con las manos
tejan juntos la historia.

TARDE Y NOCHE

Al ver pasar la tarde con sensación de hartura,
nos colma de paciencia la gente que deambula;
nos jala la cobija, tibia y resplandeciente,
del rojo sol genuino, del gran incandescente.

Que empuja hacia la noche, que inyecta su bravura.
A unos nos trae deseo, a otros dicha y ternura.
La noche espera tibia, quieta y agradecida,
esperando pasiones que la llenen de vida.

Se desespera a veces, en cada madrugada
y se ayunta con Hipnos y entra en el sueño vivo,
para resolver pugnas y vencer al olvido.

Y no deja pendientes, no quiere dejar nada
y Coyolxauhqui espera con las ubres colgadas,
cuando Huitzilopochtli nos rinde otra jornada.

SOMBRAS

Sombras...sombras...sombras...
sombras de la existencia,
que son oposición de los reflejos
y que son el soporte de la vida.

Las sombras son pasado que sustenta
presentes y futuros a futuro
y no existe presente sin pasado
y sin presente no existe futuro.

TÁLAMOS

Por los caminos ciegos de la mente,
recorremos meninges escarpadas,
los colores se acercan a torrentes
y la ansiedad asoma a la mirada.

Y todo lo de fuera lo medimos,
con espumosas bocas de deseo;
no entendemos razones, las perdimos,
en el camino obscuro del anhelo.

Yo quiero que tú vuelvas, (lo supimos)
con el dorado aroma del desierto,
con dorados recuerdos de la vida.

Y cuando arriben, pido que esté muerto.
Que manos firmes den muerte suicida,
y no ver más los tálamos inciertos.

METAMORFOSIS

Ya sucedió el milagro:
querías ir a la gloria,
fuiste al infierno...
y ahora, cambiaste tus deseos.

DESAMPARADO

No navega conmigo la hermandad de las cosas,
yo nunca las vi juntas, siempre las vi dispersas.
El sol siempre llegaba cuando no lo esperaba,
y las nubes se iban, si con ellas jugaba.

Los ojos de la gente se desvían de mi vida,
las cosas más hermosas no se van ni se olvidan;
pero de mí se fueron, se fueron para siempre
y por dentro destrozos de recuerdos hirientes.

Ya no sé lo que siento, sólo sé que no vivo,
soy como un perro inmenso, que corre solitario,
pero orgulloso y fuerte, y que no está cautivo;

que es patriarca y no encuentra en la vida motivo.
¡Despierta papá!, a cuestas me haces vivir a diario.
Soy Juanito, no mueras, que sin ti yo no vivo.

UNA CITA

Una cita con el viento me inspiró,
los quehaceres de la vida moribunda.
Son constancias que la aurora me dictó,
y en la tarde, mi alma se asume errabunda.

FRESCURA CAMPESINA

Arenas de Tamiahua,
fuente de negritud;
campesinas que gozan
de dicha y de salud.

Campesinas lozanas,
morenas y trigueñas;
son como el agua clara:
agua india y halagüeña.

El agua de los pozos, agua de fuentes puras
con sabor a frescura límpida de las peñas,
que refresca las sienes, henchidas de ternura,
de niños que posaron con sonrisas eternas.

¿SÓLO LA VIDA?

Sólo la vida, y nosotros,
el espejo...
el espejo de la vida.

Ambas cosas tenemos,
con ellas cabalgamos entre el amor.
Con ellas le ponemos distancia a la muerte.

La vemos más cerca...
o más lejos.

SOLEDAD

El año deja su profunda huella,
con la ausencia de voz en algún lado,
donde el lamento claro se define
y encuentra la respuesta que da el hado.

No es la muerte la única que mata:
Es la distancia, real y la aparente;
cuando las voces no se necesitan,
ni se buscan ya más, aún frente a frente.

Así se van de aquí nuestros amigos,
el padre, nuestra madre y los parientes.
Todos están en nuestra vida vivos;

pero todos se alejan de repente,
aunque para notarlo pasen años.
Es tiempo de vivir sin alicientes.

SOL BERMEJO

Otra vez, sol
acudes a mi tarde
y me traes el amor con un son viejo,
que viene desde el mar.

Color que fuera muerte ¡los Mexicas!
Orando cada ocaso por tu suerte.

CARCELEROS

Niños de radiantes ojos,
hijos que son mis captores,
en esta prisión infame,
en que el hogar se convierte.

Si ya nacieron de mí
y de mamá tan querida,
hemos de quedar aquí,
a continuar nuestras vidas.

¡Qué hermosos mis carceleros!
Yo cambio todo en la vida,
por vivir esta prisión.

¡Qué niños tan hechiceros!
Que, de cárcel maldecida,
derraman bella ilusión.

DESCENDENCIA

Zarpen hacia la vida dueños míos,
dueños del ser y de los pensamientos
y suelten las amarras a sus hijos,
para que como ustedes boguen siempre.
Los hijos y los ayes de ti m´hijo,
han de seguirte todos en parvada
y cruzarán el mar y las montañas.

EVOCACIÓN

Un soneto yo quiero escribir esta tarde,
uno que a mi lugar de origen me retorne,
al país de amargura, haciendo tal alarde,
de qué alegría no quiero invocar, pues no puedo.

Hoy no quiero ver soles, no quiero ni ventanas;
hoy quiero, moribundo, partir hacia la noche.
No quiero ni reír, de nada tengo ganas,
la soledad invade mi alma con derroche.

Pero, si amada viene, envuelta entre manzanas,
entre mangos, guanábanas, zapotes... y, en la noche,
se me revela esclava, seductora e insana...

Seguro volvería a buscar las mañanas
y a vivir la alegría que hoy rechazan mis manos
y a parrandear por siempre, cerca de tu ventana.

ADVERSARIOS

Como se deja a una mujer,
dejé a Dios.
Y hoy siento nostalgia...
Deseo de tenerlo.
Ser infantil, ingenuo,
para creer en él.
Por las huellas profundas que deja, lo recuerdo.
El inevitable conocimiento,
del que él es enemigo,
llegó.

NINGUNA SE FUE

Ninguna vela blanca se avizora
mientras una morena me enamora;
yo creo que aquella vela ya pasó,
también que la morena me perdió.

Y es que en oscuro mar yo navegaba,
cuando ya bella vela me alcanzaba.
Fue hermosa la primera de las dos
y otra llegó sonriendo, de mí en pos.

Llegó a mí con morena vida nueva,
clamando por el hombre que en mí vio.
Me entregó su alma y me pidió la mía.

Y cuando oscuro fin me trastornaba,
Me tomó entre sus brazos ¡Bien amada!
Y al final que me quedo con las dos.

MÁS VALE

Vivirás aquí, no lo dudes,
en este terruño que es de nadie.
En las eras del Diablo.
Y caminarás con él...
Es mejor
que caminar con nadie.

SOL

Es inconmensurable lo que inspiras,
sol del poniente, sol de los colores.
Mi corazón evoca a mi morena
y ahuyenta, dulce, todos los rencores.

Y su tez se refleja en mi faz tibia
y su olor viene a mí, como la noche.
Se acerca, y se encabrita su cabello
y mece mis pupilas, y mi ensueño.

Y viene a darme el suero de las cabras,
amamanta mi piel y mi deseo.
Se lleva al infinito mi derroche.

Mi derroche de sueños en los montes
de mi tierra querida, tibia y ocre.
Playa madre de Tuxpan, yo te quiero.

VICISITUDES

Creí que siempre sería fuerte en el desamor.
Es hora de ponerlo a prueba.
Una vez más...y ahora, viejo.
¿Podré?
Cuán frágil es el amor,
cuan cambiante.

RELACIONES

Si tú dices que la vida nos reforma,
yo te digo que la vida nos transforma,
y te digo que, a mitad del ajetreo,
a algunos nos empiezan a ver feo.

Porque no cumplimos ya la expectativa,
de la gente que nos dio toda su vida;
sin querer ya les proveímos de ilusiones,
que hoy nos traen a nosotros desazones.

¿Me creerás lo que te digo camarada,
que sin los que nos aman somos nada?
Pero pagamos cara la salida,
porque si hacemos nuestra la jugada,
ellos creen que dejamos la morada
y así nos abandonan a la vida.

MALDICIÓN

Cuando me llevas contigo,
casi río.
Cuando me besas,
río como tú.
Gracias por contagiarme.
Maldita seas por dejarme.
No encontraré a nadie que te supla,
y moriré sin ti.

RESISTENCIA

Hacer otro poema,
hacer un poema más.
No queda nada ya;
Mas que hacer más poemas.

Y ése mas es un sino;
y ése sino, denuedo
por conservar la vida.
La vida que se seca
por falta de nutrientes.

Y no estoy derribado;
ni podrá desasirme,
de la tierra que piso,
el viento huracanado.

Yo moriré de pie,
como árbol enraizado
que se seca y no cae.
Y seré tronco firme,
podré ser habitado
por todos los polluelos,
los duendes y los hados.

COCHERADA

Como en el árbol las ramas se reparten
y en el tronco se queda la unidad,
así la verga precede todo arte
y con los huevos ejerce autoridad.

LA CURA

El eco es recuerdo
reverberante en sombras.
Es nostalgia
que punza al presente.

La alegría lo absorbe,
lo dilata, lo borra.
La alegría de la fiesta
que siempre ha de existir.

La alegría es la cura.

DESTINO

¿Y cómo cumple uno su destino?
La mosca, se proyecta hacia la eternidad al ser devorada.
El perro, si es atropellado (destinos miserables casi todos los de él).
¿Cómo lo hace el humano?
Siempre lo cumplimos.
En el tedio...
en la estulticia...
en la mera ilusión de admirar, de elogiar, de evocar al héroe...
que nunca hemos de ser.

DESPERTAR

¿Escuchas corazón?
¿escuchas las campanas?
nos llaman desde hace siglos...
nos llaman a soñar.

DESAZÓN

Tú eres como los perros y no sabes por qué.
Pero intuyes que algo en tu andar no anda bien.
Aunque el perro rebusca y siempre encuentra que:
Que lo descorazona, que le mueve los pies
y resuelve vivirlo, si bien libre se ve.

Pero a ti compañero, difícil te será,
si no encuentras motivo para tu soledad;
pues que toda esperanza y toda ubicuidad,
son cosas que, ya idas, nunca regresarán
Y sin ellas, condena, será mi eternidad.

¿PARA QUÉ?

¿Y seguiré yo siempre con esta soledad?
¿Y seguiré yo siempre sin ser vilipendiado?
¿Acaso he de acabar perdido y agotado,
rabiando en mis adentros la falsa intimidad?

¿Para qué tiene el hombre tanta memoria viva?
¿Para qué quiere uno buscar felicidad?
Si en nada puede uno ser maldad bendecida,
¿qué puede a mí apartarme de acusar impiedad?

TARDE

Tarde... tarde... tarde...
Dime, ¿por qué te canto siempre a ti y no a la mañana?
-Porque conmigo empiezas a soñar,
y en la mañana... despiertas.

NOSTALGIA DE AMOR

El mejor día de la primavera,
el lugar más inquietante,
el hogar más acogedor...
te evocan
amada.

También la música y la aventura
y otros amores
si los hubiera.

Sé feliz hermosa
sé segura y confiada.
Estás donde yo estoy.

Si canto, cantas conmigo;
si río, ríes conmigo
y si me voy lejos,
te llevaré conmigo también.

Cuando ya no se escuchen mis canciones;
Cuando viejo y cansado, me detenga...
Llora por mí...
llora mucho...
y cuéntale a todos nuestro amor,
que ahora yo lo estoy haciendo
para la eternidad.

UNO DE TANTOS

Te alejas y te acercas
Origen.
Y eres uno de tantos.

LA RESISTENCIA

Llenado por el tiempo,
mi corazón se exalta
y late vigoroso.
Lleno de hijos está.

Ser perro suelto,
que vive su inconciencia.
Los escasos instantes sin cadena,
sin azotea, sin perrera ni alambradas.

Que persigue incansable a la esquiva hembra
y que no retrocede ante otros machos;
que a veces tiene miedo, más lo aparta,
que sabe que su sino es el ser bravo.

¡Vivir salvaje, sí!
aunque un día o dos...
o un año... o tres
y no catorce.

Que la perrera sea la que lo atrape,
que muera contagiado de algún virus,
o bien, atropellado con violencia.
Pues uno sólo de tales días vividos,
es más que cuatrocientos con dogales.

Transmitir a los hijos la certeza,
de que la vida es nada con pobreza
y que también es nada con riqueza,
si no se tiene al lado la fiereza.

MAÑANAS DE ABRIL

Mañanas de abril,
de la sensación;
de la húmeda noche,
de tibia ilusión.

Tu conciencia plena,
Si quieres gozar,
la plena armonía
de lo que no es par.

De lo singular,
de lo mal hablado,
de lo que carecen
los uniformados.

Las horas que lleguen
sean de plenitud
y que sean libres,
que sean de salud.

DIVERSIDAD

¿Han de apartarse siempre los lobeznos,
al convertirse en lobos cuando crecen?
La memoria de las primeras correrías,
dicta los actos que siempre repetimos.
Las multitudes se desmiembran en uno.
También eso sucede.

JUSTICIA

El escuincle urdía
robo de zapatos,
porque anda descalzo
y a la escuela hay que ir.

Y ya no aguanta burlas
sobre los rotos cactlis,
que diario en la mañana
se tiene que poner.

Pero ya lo cazaron
con la prenda en la mano
y ya lo castigaron
con informal prisión.

Va derecho a la escuela,
pero a la otra, a a grande,
a olvidar para siempre
la buena educación.

NUNCA VUELVE AQUELLO QUE SE PIERDE

El amor, ciertamente, no regresa.
No lo pierdas, amada,
que difícil será
que te abrase de nuevo.
Como hoy.
Yo todavía te quiero.

LA VISITA

Ésta madrugada me visitó la luna,
que tanto tiempo hace se escondió de mí.
Hoy se las ingenió para llegar
hasta donde dormía.

Se asomó, primero, furtiva;
después, ya llena, me despertó impaciente.
Y supe que, del alba, más sol ya no quería,
que ya necesitaba tal caricia en las mías,
y que mañanas de éstas, con ella ya quería.

Y me besó la espalda tiernamente,
que me besa la cara y las costillas;
luego quedó muy fija contemplándome
(errabundez embelesada).

Era morena y yo me sentí vivo
y otra vez blanca fue y yo fui salvaje.
Porque soy hombre lobo y me transformo,
cada vez que me rozan esas lunas.
Ésta mañana me encontró la luna.
La luna de los ojos de colores.

PENSAMIENTO

Ingrata vida.
Me das lo que deseaba
y me haces desear más.

AÚN NO

No cesa... no cesa la lluvia.
Como el hastío.
Y uno pudiera morir ahora,
no cuando debiera.

Morir de tedio,
morir de nada.
Está la vida ahí,
para que otros transiten
la distancia hasta aquí.
Con inconciencia,
sin conocer el destino.

No vengan,
¡Vivan todavía!

¿A DÓNDE?

¿A dónde fue?
¿En dónde está?
Sé que piensa en mí,
sé que me ama
y sé que la amo yo;
pero no sé
si su voz me vuelva a acariciar,
ni sé si vuelva a ver sus ojos llorar.

ORGASMO

Una carcajada,
como una cascada,
se derrama...
de la boca de mi amada.
Y viene a mí...
viene a mi corazón,
a mi faz...
y desciende...
y se levanta luego,
como potable risa de la verga.

¡Y ríes! ¡Y ríes!
Semblante tan brillante como trémulo.
Como niña que mira las estrellas.

REGRESO

Los ojos verdes de mi amada esperan
que yo regrese al fin a la morada
en que la realidad me desespera.
Y sí, ¡es mi anhelo que retorne el hada!
que toda realidad torne en quimera,
y que mis sueños vuelen en parvada.

PREHISTORIA

Se abstrae alguien,
mientras arde la lumbre.

DOS VIEJOS INFANTILES Y UNO YA MURIÓ

No hay nuevo impulso al vuelo de este instante,
y he de volar yo solo caro amigo
y aunque el vuelo contigo fue boyante,
hoy he de lamentar ser tu testigo.

Testigo como fui de un moribundo
amigo que se me iba de la vida;
con nostalgia pedíamosle a este mundo,
nos brindase alegórica partida.

Tú ya lo hiciste y yo estoy esperando
encontrar el impulso sin medida;
los que me ven me dicen voy sangrando;

pero arremeto firme cual Tidida,
esperando encontrar nuevos encantos
en éste horrible campo infanticida.

VACÍO

Qué decepción,
tener todo de ti,
y como es que tu cuerpo es hoy de otro.
Y también tu alma perdí por el camino.
Qué vaciedad...
¡Oh sentimiento! Creer tenerte toda...
y ya no queda nada,
ni un suspiro.

REVOLUCIÓN MEXICANA

Nadie los vio de veras,
unos holgazaneaban,
otros iban al campo
y sembraban maíz.

Tomaban aguardiente,
o sodas, o agua limpia.
se reunían los domingos
en las plazas y esquinas.

Mientras que hubo tierra,
todo parecía bien,
más los que no tenían,
ya no tenían que hacer.

Muchas humillaciones
se vieron en el campo;
la brecha ya era inmensa,
para qué aguantar tanto.

No se sentían a gusto
con un jornal tan bajo;
sintieron que podían,
para ellos era el campo.

Ellas allá en la noria
y todos en el baile;
levantaron las armas,
ya nada era de nadie.

México en la revuelta.
El siglo veinte vio
gente como cualquiera
en la revolución.

A MI MAMÁ MUERTA

Tú sabes Carmen madre
que te añoro.
Tú sabes mamacita
que te lloro.
Tú sabes que viví por tu heroísmo,
que me hizo ser seguro de mí mismo.

Madre bonita, buena,
simple y pura.
Cuando yo te recuerdo
hay amargura.

Pero también hay vida
y hay sonrisas,
hay aires nuevos,
¡vienes con la brisa!

Vivirás para siempre
en mi gran risa,
me transmites amor,
me vigorizas.

EL QUEHACER

¡Soy un poeta, carnal!
¡Soy un poeta!
Me descubro en las cosas.
Y el mundo está a mis pies,
porque tejo la red que lo captura.

COYOTE

¡Vive, coyote, vive!
y no sepas que existes.
No pienses, nunca pienses,
nunca pienses que vives.

La muerte te sorprenda
y no sientas siquiera
la hora de su llegada.
¡Hermosa es tu mirada!

Ahora que tienes hambre,
¡Qué feliz vas a ser
cuando puedas comer!

Y no creas en los hombres,
son tristes e infelices...
los persigue el ayer...

CABALGATA

Cuando en mi mano siento tu humedad,
el mundo se resuelve.
Todo poema, y la filosofía,
y la música,
¡Y tú en mí!
Cabalgando...

VERDE

Ya no quiero vivir más el hastío,
vida que me persigue sin descanso.
Tú eres agua fresca del océano,
que me conforta,
que me renueva,
que me levanta.

Y cabalgamos juntos en la noche,
hacia la brisa,
hacia el ensueño.

Luego despierto...
sólo un sentido tiene la mañana:
tus ojos...
me regresan a la verde agua...
a la verde agua...
a la verde agua.

YO

Yo que jamás creí
que dejaras de quererme,
te lo pediré amada.
Porque no habrá más nunca
más amor que el que me diste.

DE DOMINGO A DOMINGO

De tarde en tarde,
semana a semana,
la primavera llega
y también el verano
y el otoño, y el invierno.

Llegan amigos ansiosos
de beber las palabras,
habladas y escritas
y jugamos con ellas.

Y se nos ilumina la faz,
como a niños con canicas.

INSOMNIO

I
En la noche,
los ruidos son eternos
y vienen en las alas del silencio
y despiertan dolores e ilusiones
y nos llevan atados con el viento.

II
La vereda de luz nos ilumina,
nos lleva en la cascada de la noche
y canta con la aurora blanquecina.

III
Dios, ¡claro! necesita de nosotros,
puesto que sin nosotros moriría.

¡CLARO QUE SÍ!

Sí. Estuve en Avándaro.
Sí. Soñé antes y después.
Sí. Viví ahí.
Sí. Después de ahí morí.

TERRUÑO

Tuxpan, te evoco;
Tuxpan, tan simple;
Tuxpan, hermoso;
Tuxpan, felice.

ASÍ COMO EN LUVINA

¡Qué tristeza!
¡Qué soledad!
Emborracharse solo.

TENTACIÓN

El mar llega a tentarme,
yo voy a él, y...
¡Te llevo conmigo!

www.ingramcontent.com/pod-product-compliance
Lightning Source LLC
LaVergne TN
LVHW052105160826
845678LV00015B/3376
* 9 7 8 6 0 7 9 6 9 5 4 0 8 *